PLAN

SOCIAL ET HUMANITAIRE

ORGANISATION DU TRAVAIL ET DE L'IMPOT ;

SECOURS AUX PAUVRES ;

PAIX ET SÉCURITÉ AUX PROPRIÉTAIRES ;

UNION ET FRATERNITÉ ENTRE TOUS LES HOMMES.

PAR

J.-I.-B. COULON,

Docteur en droit, juge au tribunal de Cosne, membre correspondant de l'Académie des sciences, arts et belles lettres de Dijon.

PARIS,

GUILLAUMIN ET Cie, ÉDITEURS,

14, RUE RICHELIEU ;

DENTU, LIBRAIRE, AU PALAIS NATIONAL,

Et autres Libraires.

1848

Imprimerie de Gustave GRATIOT, 11, rue de la Monnaie.

Ce qu’on va lire a été écrit sous le précédent gouvernement, avant la révolution qui vient de s’accomplir. Depuis, et en voyant le peuple se comporter, dans sa victoire, avec tant de modération, d’ordre et de générosité, je m’applaudis de plus en plus d’avoir travaillé, même auparavant, à lui faire obtenir satisfaction et justice. — Sur la fin de l’année dernière, j’appris que la Société d’agriculture, commerce, sciences et arts du département de la Marne, proposait cette question : « Quels seraient les moyens, sans amener une perturbation « sociale, d’améliorer le sort des classes ouvrières, en leur « assurant, sans interruption, un salaire proportionné au tra- « vail, et des ressources pour le temps des infirmités et de « la vieillesse? » J’écrivis aussitôt au secrétaire de la Société pour lui demander les conditions de forme, de temps et d’envoi des mémoires à faire sur cette question. Il me répondit, le 25 décembre dernier, que les mémoires devaient lui être adressés au plus tard le 1er mai 1849. Je lui écrivis de nouveau pour lui faire observer, ainsi qu’à l’Académie de Châlons-sur-Marne, que l’époque choisie par elle était beaucoup trop éloignée, qu’à des hommes de bonne volonté et sincèrement amis du peuple, il fallait moins de temps que cela pour trouver et pour exprimer quelques idées utiles, que les mémoires ne lui étant adressés qu’à cette époque, déjà si éloignée, il faudrait ensuite et encore beaucoup de temps pour les examiner, pour comparer les di- verses propositions ou systèmes, pour choisir entre eux celui qui paraîtrait le meilleur, et pour faire ensuite les actes et démarches nécessaires afin d’en provoquer et d’en amener, autant que possible, la réalisation.

Je n’ai point reçu de réponse. — Mais voici que le gouvernement m'en fait une pour ainsi dire lui-même, par son arrêté du 25 février, ainsi conçu : « Le gouvernement de la République « française s'engage à garantir l'existence de l'ouvrier par le « travail ; il s'engage à garantir du travail à tous les citoyens. » L'urgence est également reconnue par cet arrêté subséquent : « Le gouvernement provisoire, considérant qu'il est temps « de mettre un terme aux longues et iniques souffrances des « travailleurs ; que la question du travail est d'une importance « suprême ; qu'il n'en est pas de plus haute, de plus digne des « préoccupations d'un gouvernement républicain ; qu'il appar- « tient surtout à la France d'étudier ardemment et de résoudre « un problème posé aujourd'hui chez toutes les nations de l'Eu- « rope ; qu'il faut aviser, sans le moindre retard, à garantir au « peuple les fruits légitimes de son travail ; arrête : une com- « mission permanente, qui sera intitulée : *Commission du* « *gouvernement pour les travailleurs,* va être nommée avec « mission expresse et spéciale de s'occuper de leur sort. »

Je me décide donc à publier tout de suite le présent Mémoire. Du reste, et malgré le changement de gouvernement qui vient de s'opérer, je le publie tel absolument qu'il a été rédigé, et tout à fait dans les mêmes termes. Ceci expliquera suffisam- ment, d'une part, certains passages où je témoigne peu d'espoir de succès pour le plan que je propose, le gouvernement d'alors n'ayant point fait les mêmes promesses que celui d'aujourd'hui, et, d'une autre part, le grand nombre de raisons, motifs et con- sidérations que je présente à l'appui de mon système, afin d'y amener le plus possible d'esprits, de convictions et de volontés.

Quoiqu'il soit, ici, plus spécialement question du travail, du paupérisme et de l'impôt, j'intitule mon mémoire : *Plan social et humanitaire*, parce que du reste et en thèse générale j'y pose ou proclame les grands et éternels principes qui doivent régir toute société et tout homme vivant en société.

« Une guerre sourde existe entre les maîtres et les ouvriers,
« entre le capital et le travail, et le *Journal des Débats*
« dénonce une vaste conspiration des travailleurs du peuple
« contre les travailleurs de la bourgeoisie. Sans contredit.
« Occupez-vous donc de remédier aux privations et aux
« souffrances des masses, sachez aimer le peuple, vous le
« désarmerez. Ne voyez-vous pas à quelles doctrines le réduit
« un optimisme systématique ? Le *communisme*, c'est l'ulti-
« matum désespéré du *paupérisme*. — Sera-ce avec des
« colères d'enfant ou des tendresses de patriarche que l'on
« remédiera à la situation présente ? Il y faut appliquer
« l'étude et l'effort d'une charité virile ; chaque jour il faut
« se répéter que cette conciliation de la bourgeoisie et du
« peuple est la grande œuvre politique de notre temps. »
(Journal *la Presse*, feuille du 18 décembre 1847.)

Un philosophe a dit : « L'état de société est un
état de guerre. »

Pourquoi faut-il que cette proposition, qui n'est,
qui ne devrait être qu'un paradoxe, soit devenue
ou menace de devenir une triste vérité ?

La société ! qu'est-ce autre chose, en principe,
que la famille humaine agrandie, développée, mul-
tipliée ? qu'est-ce autre chose qu'une réunion, un

accord, un mutuel assentiment, un concours de volontés et d'actions dans un but d'utilité commune et générale? Une association, un état, où chaque membre apporte son tribut d'avoir, de travail, de conseil, d'aide et de surveillance, de dévouement et de sacrifice, pour recevoir et s'assurer en retour une part des bénéfices et avantages qui doivent résulter de cette union, de cette communauté d'intérêts : paix, sécurité, bien-être, abondance de biens et de produits de toute espèce que n'aurait jamais l'homme isolé, abandonné à lui-même et à ses propres ressources? Voilà ce qu'est, ce que doit être la société, en grand comme en petit, établie entre une grande masse d'hommes faisant un peuple ou une nation, comme établie entre deux ou plusieurs hommes seulement. Hors de là, et si l'un ou quelques-uns des associés profitent seuls des avantages de la réunion, et que l'autre ou les autres n'y contribuent que passivement, sans en retirer aucun ou presque aucun avantage, il n'y a plus alors que cette espèce de société si justement flétrie sous le nom de société *léonine*, société chimérique et nulle, imposée ou maintenue par la force et l'oppression, et contre laquelle lutteront sans cesse, de fait ou d'intention, et par tous les moyens, ceux qui auront à en souffrir. Et voilà la guerre! voilà ce qui fait de l'état de société un véritable et trop réel état de guerre !...

Et dans le fait, que voyons-nous dans le monde, dans cette société humaine qui ne devrait composer qu'une grande famille? Nous y voyons, d'une part, des hommes ayant à eux seuls et pour eux seuls tous les pouvoirs, toutes les terres, toutes les richesses, tous les biens, tous les plaisirs, toutes les jouissances; d'une autre part, des hommes privés de tout, réduits aux plus vils et aux plus durs travaux, sans pain pour se nourrir avec leurs femmes et leurs enfants, sans vêtements pour se couvrir, sans bois pour se chauffer, sans maison pour s'abriter !... Aux uns, les vastes palais, les somptueux hôtels, les riantes maisons de ville et de campagne, les magnificences et les délicatesses de l'ameublement, de la table, de la toilette, des équipages, les fêtes, les spectales, les voluptés, l'emploi libre et l'entière jouissance de leur temps; aux autres, pas même ou à peine le pain quotidien, des guenilles pour vêtements, des bouges infects pour habitation, le froid, la misère, l'abjection, le travail, un travail incessant, excessif, ingrat, stérile, et bien heureux encore quand ils en trouvent, de ce travail, qui les nourrit du moins, ou à peu près !... Voyez l'Irlande! voyez l'Allemagne! voyez la Bohême, la

Hongrie, l'Espagne, la France !... Voyez, à d'autres époques, les serfs, et les prolétaires, et les nègres, et les esclaves !... Mais aussi et à toutes les époques, aujourd'hui comme précédemment, entendez ce lugubre concert de plaintes, de gémissements, d'imprécations, de malédictions, de menaces !... Puis, voyez ces longs et sourds amas de haine et de fureur, ces conspirations, ces complots ; puis tout à coup, ces explosions, ces émeutes, ces révolutions qui viennent ensanglanter et bouleverser les empires ! ou bien, et si ces tentatives viennent à être comprimées, voyez les misérables qui voulaient changer et améliorer leur position, voyez-les traqués, massacrés, exterminés, ou ployés, écrasés sous un joug encore plus dur qu'auparavant !... L'histoire est là, qui n'atteste que trop ces lamentables assertions : témoin, Sparte et ses ilotes, Rome et ses esclaves, et ses plébéiens ou prolétaires, l'Amérique et ses nègres, l'Angleterre et les Irlandais, la France et ses serfs, aujourd'hui remplacés par ses pauvres, ses journaliers, ses ouvriers, ses forçats libérés !... témoin, ces chasses d'ilotes, ces guerres d'esclaves, ces tumultes et retraites populaires, ces massacres de Saint-Domingue, ces guerres de pastoureaux ou paysans, ces jacqueries, cette révolution de 1793 avec toutes ses fureurs et ses épouvantables excès !...

témoin, enfin, et de notre temps, toutes ces émeutes,
toutes ces insurrections, projetées ou accomplies,
à Paris, à Lyon, à Toulouse, à Clermont, à Buzan-
çais, et en mille autres lieux ! et ces cris : « A bas les
« priviléges ! à bas les riches ! mort aux riches !
« vivre en travaillant ou mourir en combattant !
« le travail ou la mort ! » Et ces pillages ! ces incendies ! ces grèves d'ouvriers ! et ces tentatives ou
ces menaces perpétuelles de mille et une sociétés
secrètes, communistes et autres, qui emploient ou
qui appellent à leur aide tous les moyens de des-
truction les plus énergiques et les plus prompts,
le feu, le fer, le poison, les machines infernales, et
qui pour se procurer ces moyens commencent par
organiser et pratiquer le vol !... (Voir le procès des
communistes du mois de juin ou juillet 1847.)

Voilà-t-il en effet une guerre assez manifeste,
assez hautement déclarée !

« On dit qu'il n'y a pas de périls, disait M. de
Tocqueville à la Chambre des députés, le 27 janvier
dernier, on dit qu'il n'y a pas de périls, parce qu'il
n'y a pas d'émeute ; on dit que, comme il n'y a pas
de désordre matériel à la surface de la société, les
révolutions sont loin de nous. Sans doute le désordre n'est pas dans les faits ; mais jamais il n'a été
plus profondément dans les esprits. Regardez ce

qui se passe au sein de ces classes ouvrières, qui, aujourd'hui sont tranquilles, dit-on. Oui, il est vrai qu'elles ne sont pas tourmentées par les passions politiques au même degré qu'elles l'ont été jadis ; mais ne voyez-vous pas se répandre peu à peu parmi elles des opinions, des idées qui ne vont pas seulement à renverser telle loi, tel ministère, tel gouvernement, mais la société, par les bases sur lesquelles elle repose aujourd'hui ? Ne voyez-vous pas peu à peu se répandre parmi ces classes l'opinion que la division des biens faite jusqu'à présent dans le monde est injuste ; que la propriété repose sur des bases qui n'en sont pas les bases véritables ? Et ne voyez-vous pas que de telles opinions prennent racine, et qu'elles amèneront tôt ou tard, je ne sais quand, la révolution la plus redoutable ? Pour ma part, messieurs, en présence de ce spectacle, je crois que nous nous endormons sur un volcan, je crois sincèrement au péril que je viens de signaler, etc. »

Et maintenant, riches et heureux du siècle, jouissez donc de tous vos avantages et de tous vos priviléges ! jouissez-en paisiblement et sans crainte, sous cette épée de Damoclès perpétuellement suspendue sur vos têtes ! Riez et dansez, sur ce volcan qui gronde sans cesse, tout prêt à recommencer ses terribles éruptions !...

— Le remède, allez-vous me dire, le remède ?
Le moyen de sortir d'une position si pénible et si
inquiétante ? — Ah ! le remède ! la sauve-garde !...
hoc opus, hic labor est ! Des penseurs, des publicistes,
des amis de l'humanité, profondément affligés,
comme moi, de tout ce qu'une telle position a effectivement de pénible et d'inquiétant, mais surtout,
et avec raison, de tout ce qu'elle inflige de maux, de
privations et de souffrances à une immense partie
de la population, s'en occupent aussi avec intérêt
et sollicitude, en font aussi le sujet de leurs méditations les plus sérieuses ; et quel plus juste et plus
digne objet leur pourrait-on donner en effet ? *homo
sum, humani nihil à me alienum puto* (Tér.). Chacun
propose ses idées, élabore et construit son plan social, son utopie. Ferai-je la mienne ? et la dirai-je ?
la mienne ; car je sens bien que mon système,
comme tous les autres, restera sans application et
demeurera aussi à l'état d'*utopie* (1). J'ai beau,
en effet, libre de tout sentiment de haine ou d'envie, comme de toute ambition personnelle, n'avoir
en vue que le bonheur de mes concitoyens, les em-

(1) Ceci a été écrit, je le répète, avant la révolution qui vient de
s'accomplir, et avant cette solennelle promesse du nouveau pouvoir : « Le gouvernement s'engage à garantir l'existence de l'ouvrier par le travail, etc. »

brasser tous également et avec la même sincérité
dans ce vaste et universel désir que je me sens de
les rendre plus heureux ou moins malheureux, en
assurant aux uns le nécessaire, et aux autres la
tranquille et paisible jouissance de ce qu'ils ont, je
ne me le dissimule point, les uns trouveront que je
ne leur donne point assez, les autres, que je les dé-
pouille. Et il est de fait que je ne veux point le partage ou la communauté des biens et l'égalité des fortunes, j'en suis bien éloigné, et que cependant
aussi mon système peut faire perdre à quelques-
uns quelque chose de ce qu'ils ont ou qu'ils auraient
sans lui. Mais le moyen, je vous prie, dans un ordre
de choses où les uns ont tout et les autres rien, le
moyen de procurer à ceux-ci une partie de ce qui
leur manque sans que ceux-là se privent ou se dé-
pouillent d'autant sur ce qu'ils ont? C'est là pour-
tant ce qu'on voudrait, soulager les classes pauvres
sans se priver soi-même de rien ou à peu près; et
c'est précisémemt ce qui fait que tous les beaux et
philanthropiques systèmes imaginés dans ce but et à
ce point de vue se réduisent nécessairement à rien,
sont impuissants à rien produire. Tandis que d'un
autre côté, et en sens contraire, on va beaucoup
trop loin, abolissant ou proposant d'abolir propriété,
droits acquis, ordre établi et régnant depuis des siè-

cles. Pour moi, je l'avoue, je ne veux rien qui porte atteinte aux droits et à l'ordre établi ; mais je veux cependant quelque chose de sérieux et qui puisse avoir un résultat.

Non pas que je me berce et que j'entende bercer les autres de la folle idée et espoir d'un bonheur parfait et sans mélange. Je sais trop qu'un tel bonheur n'est point fait pour la race mortelle, pendant sa vie mortelle, incompatible qu'il est, manifestement, avec les misères et les infirmités de toutes espèces qui accompagnent et affligent l'humanité. Mais enfin, et tout au moins, nous est-il permis de croire et d'aspirer, même pendant cette vie, à une certaine mesure de bonheur ou de bien-être, que je ferais consister dans un état aussi exempt de maux et de souffrances que possible, et accompagné, pour chacun, de toutes les jouissances possibles, licites et honnêtes, suivant sa condition et sa place dans la société.

Ceci posé et bien entendu, je me décide, vaille que vaille, et quoi qu'on en puisse dire ou penser, à faire connaître mon plan ou système.

Je sais bien d'abord, et je me hâte avant tout de reconnaître et de proclamer qu'il existe déjà et depuis que le monde existe une charte suprême, un plan social et humanitaire par excellence, suffisant à

tout, pourvoyant à tous les besoins, réglant et or-
donnant toutes choses de la manière la plus juste,
la plus sage, la plus parfaite, et aussi supérieure à
toutes les règles et inventions des législateurs et des
philosophes que Dieu l'est à l'homme. Cette consti-
tution ou charte sublime, promulguée par le Créateur lui-même, le Créateur des hommes et des sociétés, peut se formuler en quelques préceptes : Aime
ton prochain comme toi-même ; — ne fais pas à autrui
ce que tu ne voudrais pas qu'on te fît à toi-même ; —
fais pour les autres ce que tu voudrais qu'on fît
pour toi. — Puis, les corollaires ou conséquences de
ces grands et féconds principes : — Ne tue point ; —
ne vole point ; — ne ments point ni ne te parjure ; —
n'envie ni le bien ni la femme de ton prochain ; — ne
fais ni mal ni tort à personne ; — rends à chacun ce
qui lui appartient ; — aide et secours les malheureux ; — rends à César ce qui est à César ; — et toi,
César, n'use de ton pouvoir que pour l'avantage et
le bien de ceux qui te sont soumis ; — serviteurs,
obéissez à vos maîtres ; — et vous, maîtres, traitez
vos serviteurs avec douceur et bonté, vous ressou-
venant qu'ils sont vos égaux et vos frères devant
Dieu, votre père commun ; etc., etc. ; — vous tous
enfin, qui que vous soyez, observez et suivez ces
préceptes, non par contrainte et avec colère ou

dépit de ne pouvoir faire autrement, mais par conviction, en conscience et en vérité, et avec un perpétuel esprit d'amour, de charité et de justice (1).

Ah! oui sans doute, que l'on embrasse et que l'on suive, avec amour et en conscience, cette magnifique et sainte morale, et la société ne sera plus cet état de guerre si désolant, mais bien et au contraire cet état de paix et de bonheur promis aux hommes de bonne volonté (2). Malheureusement, l'égoïsme et toutes les mauvaises passions font trop généralement oublier ou méconnaître ces grands et utiles préceptes. Inutile donc, hélas! d'insister; et passons vite, alors, à ces pauvres vues ou idées toutes humaines, si imparfaites, si impossibles la plupart!

(1) *Constans et perpetua voluntas jus suum cuique tribuendi* (droit rom.); *alteri ne feceris quod tibi fieri non vis; alteri facias quod tibi fieri velis; diliges proximum tuum sicut teipsum* (s. Luc, 10, 27); *non occides; non mœchaberis; non furtum facies; non loqueris contrà proximum tuum falsum testimonium; non concupisces domum nec uxorem proximi*, etc. (Exod. 20, 13 et suiv., s. Matth. 15, 4); *reddite ergò quæ sunt Cæsaris Cæsari* (s. Luc 20, 25); *imminue de imperio durissimo* (Reg. 3, 4); *servi, obedite dominis in simplicitate cordis vestri, cum bonâ voluntate; et vos, Domini, eadem facite illis, remittentes minas, scientes quia et illorum et vester dominus est in cœlis, et personarum acceptio non est apud eum; scientes quoniam unusquisque, quodcumque fecerit bonum, hoc recipiet à domino, sive servus, sive liber* (Eph. 6, 5 à 10), etc., etc.

(2) *In terrâ pax hominibus bonæ voluntatis.*

Il ne s'agit point ici de détruire ce qui existe, de renverser l'édifice social pour le reconstruire ensuite sur de nouvelles bases. Non ; je prends les choses au point et dans l'état où elles sont aujourd'hui, et m'occupant surtout de ce qui me paraît abusif et contraire aux saintes lois de l'humanité, je vais rechercher s'il n'y aurait donc pas quelque moyen de faire disparaître, sans secousses ni violences, sans perturbation sociale, tout ou partie des abus, des injustices et des maux qui suscitent tant de plaintes, tant de menaces, et tant de craintes.

Trois points capitaux et essentiels me paraissent devoir faire l'objet de mes recherches et de mes méditations : 1° le travail et son organisation ; 2° les secours à donner aux pauvres, aux infirmes, etc. ; 3° enfin, l'impôt, sa répartition et son emploi.

§ 1er.

Du travail et de son organisation.

Vivre en travaillant, disaient et inscrivaient sur leurs bannières les malheureux ouvriers de Lyon insurgés en 1834 ; *vivre en travaillant ou mourir en combattant !....* Ah ! donnons bien vite satisfaction à la première partie de cette demande ou devise, qui n'est dans le fait que l'expression d'un droit et d'un devoir(1); donnons-lui, dis-je, satisfaction, et par cela seul nous effacerons, nous ferons effacer, par ceux-là mêmes qui l'ont écrite, cette autre partie de la même devise, *ou mourir en combattant*, qui résume et qui prouve si énergiquement tout ce que j'ai dit des immenses dangers que nous ferait courir une conduite opposée.

Se peut-il rien voir ou imaginer de plus poignant pour un cœur d'homme, rien de plus attérant, de plus propre à le pousser à toutes les extrémités du désespoir et de la rage, que le manque d'ouvrage et de pain, alors même qu'il est tout disposé et qu'il ne demande qu'à travailler et à gagner son pain à la sueur de son front? Est-il rien de plus triste encore et de plus pénible que de voir son travail, quand on en trouve, payé d'un salaire insuffisant pour se nourrir, se vêtir et se loger, soi, sa femme et ses enfants?.... Que de malheureux ouvriers, journaliers, artisans et autres se trouvent dans cette affreuse et intolérable position! Et quel est, le plus souvent, le résultat de ce bas prix ou vileté du salaire? d'enrichir promptement et énormément quelques industriels, quelques manufacturiers, quelques entrepreneurs, en réduisant à rien ou presque rien

______

(1) *Natus est homo ad laborandum sicut avis ad volitandum.*

2

ceux dont les bras seuls et les travaux incessants produisent ces rapides et énormes bénéfices. Est-ce donc juste? est-ce humain? est-ce plus longtemps supportable?.... Et cependant, que ces malheureux travailleurs, ainsi pressurés et exténués, réclament une augmentation de salaire, que pour l'obtenir, et au refus de leurs maîtres, ils prennent le seul moyen qui semble propre à les faire réussir, la *grève*, et aussitôt les voilà traqués, poursuivis, arrêtés, condamnés, emprisonnés!.... Ah! cherchons vite un remède à tant de maux; tâchons de trouver et d'assurer à tant d'hommes, nos égaux et nos frères, sinon le confortable, et les jouissances, et tout ce superflu dont l'inégalité des fortunes nous a gratifiés, au moins, tout au moins, du travail, et par le travail du pain, le pain quotidien, le nécessaire; et pénétrons-nous bien de cette vérité, que VIVRE EN TRAVAILLANT est en effet, pour tout homme, le premier et le plus sacré de tous les DROITS.

La concurrence dans le commerce et l'industrie, l'avarice et la cupidité des maîtres, entrepreneurs, fabricants et manufacturiers, telles sont, je crois, les principales causes de la détresse des ouvriers, artisans, journaliers, et tous autres qui ne vivent que du travail de leurs mains : la concurrence fait que les uns sont employés, les autres non, et que tous, ou à peu près, sont obligés de travailler pour ainsi dire au rabais, pour un salaire inférieur et insuffisant ; et l'envie de gagner le plus possible, la soif de s'enrichir promptement, fait que les maîtres et les fabricants, qui occupent les ouvriers, ne leur paient qu'un salaire également modique et vil, dont il faut bien que ceux-ci se contentent, forcés qu'ils y sont par la concurrence d'une part, et de l'autre par l'impossibilité de trouver mieux ailleurs.

Le moyen de faire disparaître ce double abus ou inconvénient, si désastreux dans ses conséquences, serait, je pense, de réunir ou constituer les ouvriers en autant de corps, corporations ou sociétés qu'il y a d'espèces d'arts et de métiers ou de travailleurs. Ainsi, par exemple, on ferait la corporation ou société des menuisiers, celle des charpentiers, celle des couvreurs, celle des serruriers et autres ferrailleurs, celle des plâtriers, des peintres en bâtiments, des maçons, celle des journaliers et manœuvres, etc., etc., etc.

Chaque société ou corporation serait organisée de manière à ce que chacun de ses membres fût journellement employé et occupé, sans avoir à craindre ni concurrence ni préférence.

A cet effet, un bureau ou préposé serait établi, auquel s'adresseraient les particuliers ou maîtres qui

voudraient faire travailler ; et ce préposé leur dési-
gnerait ou enverrait les ouvriers demandés, en ayant
soin que chacun eût son tour et travaillât à son
ordre ou à son rang.

Si, un jour ou un autre, tous ne se trouvaient pas
ainsi demandés et occupés par des particuliers, ceux
qui resteraient sans travail de ce côté devraient être
employés, soit à des ouvrages de leur métier ou profession, ou analogues, entrepris et payés par l'État,
soit à d'autres ouvrages exécutés pour le compte
et au profit de la corporation dont ils feraient partie.

C'est ladite corporation ou société qui, par l'en-
tremise de préposés, receveurs ou autres, recevrait
directement des maîtres ou des particuliers le prix
des travaux qu'ils auraient fait exécuter; et c'est elle
aussi qui, de même, payerait aux ouvriers leur salaire.

Ce salaire consisterait dans une somme fixe, payable
par jour, ou par semaine, ou par mois, suffisant pour
fournir aux besoins de chaque jour tant de l'ouvrier
que de sa famille, et qui, dans ce but, pourrait être
légèrement augmentée suivant le nombre d'enfants
légitimes qu'il aurait, en bas âge, et tant qu'ils ne
pourraient pas travailler ou être mis en apprentissage.

Le surplus du prix de l'ouvrage ou des journées,
payé par celui qui l'aurait ou les aurait fait faire,
resterait dans la caisse de la société, pour être em-

ployé au profit commun de la corporation ou de ses membres. Il servirait, de même que le bénéfice provenant de la vente ou location des meubles et ouvrages confectionnés pour le compte et au profit de la société, par ses ouvriers non occupés ailleurs ou autrement, il servirait ou serait employé, notamment :

Pour achat, confection et réparation de tous les outils et ustensiles qu'elle aurait à fournir à ses membres ;

Pour achat de toutes matières et fournitures nécessaires à l'exécution des travaux auxquels ils seraient employés, suivant leur genre d'industrie ou profession ;

Pour traitement ou salaire des préposés, receveurs, payeurs, directeurs, syndics ou autres agents de la société (sauf supplément, s'il y avait lieu, à payer par l'État, ou même, au besoin, sauf à l'État à fournir et payer le tout) ;

Pour secours à fournir à tous ceux des associés qui, devenus vieux ou infirmes, ne pourraient plus travailler (sauf supplément et secours publics, alloués par l'État, en cas de besoin, v. § 2) ;

Pour indemnités à ceux qui, dans l'exercice du métier, auraient éprouvé quelque accident, perte ou malheur (sauf encore, et toujours, supplément ou secours de la part de l'État) ;

Pour l'apprentissage et l'éducation des enfants de tous les membres du même corps ou société, lorsqu'ils s'adonneraient à un autre métier ou profession, car autrement ces enfants restant dans la corporation ou s'y destinant, y recevraient gratuitement l'enseignement ou apprentissage;

Pour récompenses et encouragements à allouer aux ouvriers qui se seraient distingués par leur bonne conduite, par leur exactitude à remplir les devoirs de la profession, par un talent ou une habileté particulière, etc. (sauf encore à l'État à intervenir et payer, au besoin);

Tout cela prélevé, toutes ces dettes payées, s'il restait encore un boni ou bénéfice dans la caisse sociale, il serait partagé et réparti entre tous les membres de la corporation.

Afin d'empêcher l'abus du monopole, les surélévations de prix et salaires, l'autorité publique fixerait elle-même et tariferait, pour chaque société ou corporation d'ouvriers, le prix des journées ou des travaux.

En ce qui concerne les ouvriers des fabriques, manufactures, usines et autres établissements de ce genre, on fixerait aussi à une somme raisonnable et suffisante le salaire que devraient leur payer les fabricants et autres maîtres qui les emploieraient. On déterminerait également le temps ou la durée du travail de chaque jour, et tous les autres rapports de maîtres à ouvriers.

Tous les corps de métiers ainsi associés et organisés, dans chaque ville, deviendraient comme autant de familles dans la grande famille de l'État; et ces relations journalières, cette dépendance réciproque, cette communauté d'intérêts, de vues, de profits, d'assistance et de secours, tout cela ferait bientôt naître entre tous les associés des sentiments de bienveillance, d'affection et de mutuel dévouement, à la place de toutes ces jalousies, de toutes ces haines, ces calomnies ou méchants propos, et ces mauvaises manœuvres ou artifices qu'enfante aujourd'hui la concurrence et la rivalité, et tant de fois suivis de rixes, de violences et de sanglantes querelles.

§ 2.

Des secours à donner aux pauvres, aux infirmes, etc.

Les hommes vivent et sont faits pour vivre en société. Or, le but de la société, son but primitif, capital, essentiel, c'est que tous et chacun de ses membres y trouvent sécurité, protection et secours. Secours, oui, et je le dis des plus riches comme des plus pauvres; car enfin que deviendrait donc l'homme le plus riche en terres ou autrement, abandonné à lui-même et à ses propres forces?

quelle résistance pourrait-il opposer aux vols ou aux violences et attaques personnelles dont il serait l'objet, s'il n'était défendu, protégé, secouru, ou de fait et par l'assistance réelle, actuelle, de tous les autres membres de la société représentés par la force publique accourant à son aide en cas d'agression, ou virtuellement, par l'idée seule que les autres sont, de la même manière, toujours prêts à venir repousser et punir quiconque oserait l'attaquer, lui ou ses propriétés? sans compter la surveillance active, incessante, exercée encore et de même par les autres (la police), afin de prévenir même et d'empêcher qu'il ne soit attaqué. Cette protection, cette espèce de secours s'étend sans doute au pauvre comme au riche. Mais, de bonne foi, à quoi se réduit-elle pour le premier? à un avantage, à un secours tout idéal, ou peu s'en faut ; car ce n'est pas lui, en général, qui est exposé aux attaques des voleurs ou autres malfaiteurs; son dénuement lui seul lui est une suffisante quoique bien triste sauvegarde. Mais précisément aussi ce même dénuement lui rend nécessaire un autre mode de secours ou d'assistance : il lui faut du travail et du pain, à lui qui, lorsque sans le vouloir ni le demander il est venu dans ce monde, y a trouvé toutes les places prises, toutes les terres et possessions occupées ;

il lui faut tout au moins du travail et du pain ; et
c'est là aussi un secours qu'il doit trouver dans la
société qui doit, répétons-le, à tous et à chacun de
ses membres sécurité, protection et secours. Sans
cela, sans l'accomplissement fidèle et exact de ce
devoir social, on retombe à cet état de société
léonine, qui n'est plus une société, une société régu-
lière et juste, et l'expérience nous apprend ce qui
arrive quand on laisse la misère des classes ouvrières, esclaves, serfs, ou autres, atteindre cette
limite funeste où commence le désespoir !...

Aussi, et sans parler de ces nobles et généreux
motifs d'humanité, de charité, qui devraient animer
tous les hommes, que ceux d'entre eux qui, ou re-
fusent impitoyablement, ou croient avoir tout fait
quand ils ont donné pour les pauvres quelques
pièces d'or ou d'argent, songent donc au moins à
prévenir et arrêter les immenses dangers dont les
menace à tout moment la misère du peuple ! qu'ils
songent que cette extrême misère une fois devenue
le désespoir ne connaît plus ni droit ni règle, ni
frein ni mesure ! qu'ils songent que le peuple, une
fois venu à ce point, ne se contente plus de s'attri-
buer par la force tout ou partie de ce qui lui
manque, mais qu'aux pillages, aux confiscations et
dévastations de tous genres, il joint encore les vio-

lences, les massacres et tous les excès qui accompagnent d'ordinaire ces sortes de mouvements,
comme pour se venger sur ce qu'il appelle ses
oppresseurs, ses tyrans, les privilégiés, les aristo-
crates, etc., de toutes les privations et les souffrances qu'il a eu à subir jusque-là !.... qu'ils y songent bien, et qu'ils voient s'il n'est pas prudent à
eux, s'il ne va pas de leur intérêt le plus personnel
et le plus essentiel de prévenir à tout jamais de pa-
reils malheurs, s'il ne leur vaut pas mieux, enfin,
sacrifier une modique partie de ce qu'ils possèdent
pour conserver tranquillement le surplus, que de
tout risquer et exposer, eux, leurs familles et leurs
biens, et leur repos et leur sécurité, pour ne pas
se soumettre à une perte légère et presque insen-
sible !... qu'ils se rappellent seulement l'année qui
vient de s'écouler (l'hiver de 1846-1847) : a-t-elle
été assez menaçante ? assez grosse d'orages et de
tempêtes ? avec sa disette, sa cherté de grains, et
toutes ses émeutes, ses pillages, ses incendies, ses
meurtres, ses cris de *mort aux riches*, ses provocations
au partage des biens, etc.!... Ses menaces ne se
sont point réalisées, grâce à Dieu et grâce aussi aux
hommes de cœur et de bonne volonté qui sont ve-
nus en aide à la détresse des classes pauvres. Mais,
enfin, une pareille année peut se reproduire, avec

toutes ses misères et toutes ses menaces, et qui nous rassurera, qui nous garantira contre les suites possibles d'un tel événement? les charités et sacrifices d'une partie de la classe aisée suffiront-ils encore une fois pour conjurer l'orage? et puis, d'ailleurs, est-il donc juste, est-il raisonnable que les uns fassent et supportent seuls tous les sacrifices nécessaires à la sécurité publique et à la conservation des fortunes, et que les autres en profitent purement et simplement sans y contribuer aussi de leur part et de leur bourse? Non certes, cela n'est ni raisonnable ni juste; cela est diamétralement contraire au principe même et à l'essence de toute société, dont les charges doivent peser également sur tous ceux qui prennent part à ses bénéfices ou avantages.

De tout ce qui précède, il résulte que la subsistance des pauvres et les secours à fournir aux classes ouvrières sont et doivent être une des charges de la société; que les sommes nécessaires pour y subvenir doivent, par conséquent, se prendre sur l'impôt, lequel doit être fixé en conséquence et de manière à y suffire, en même temps qu'à tous les autres besoins et services de l'État : l'humanité, la raison, la justice, la prudence, l'intérêt personnel lui-même, un intérêt bien entendu et prévoyant du leudemain , tout doit faire admettre ce système comme l'une des premières bases ou principes de l'ordre social.

Je m'attends bien, sans doute, à le voir, ainsi que le mode de répartir l'impôt que je proposerai tout à l'heure, à le voir, dis-je, combattu et repoussé par tout ce qui ne vit que pour soi et rapporte tout à soi, par tous ceux qui ne se trouvent jamais assez riches pour satisfaire, je ne dis pas leurs besoins, mais leurs goûts et leurs caprices les plus désordonnés, ou pour ajouter revenus sur revenus, or sur or, terres sur terres. Mais qu'importe, s'il est approuvé par les autres membres de la grande famille, et que ceux-ci, au bout du compte, forment la majorité? Or, n'est-ce donc pas ce qui doit être, ce qui semble devoir être? Et en effet, de ce nombre ou de ce côté seront : d'abord et naturellement tous ceux dont la position pourra gagner au changement et s'en trouver améliorée; ensuite, tous ceux dont la position, déjà simple et modeste, n'aura point à souffrir de ce même changement, grâce à la répartition équitablement proportionnelle de l'impôt, et qui de plus y gagneront, comme tous les autres, cette précieuse paix ou sécurité après laquelle tous soupirent également; en troisième lieu, tous ceux qui, dans la même classe

ou dans d'autres plus favorisées de la fortune,
viennent déjà d'eux-mêmes ou sont toujours dis-
posés à venir au secours des classes pauvres; ceux-
ci, à coup sûr, ne refuseront pas à titre d'impôt et
pour le même but les sommes qu'ils donnent déjà
ou sont toujours prêts à donner à titre d'aumône;
enfin, et parmi ceux-là mêmes qui ne donnent point
ou qui se trouveraient exposés à donner à titre
d'impôt plus qu'ils ne donnent ou ne donneraient
d'eux-mêmes à titre d'aumône, il y en aura bien
encore un certain nombre qui se rendront aux considérations de justice et de prudence qui viennent
d'être exposées, et qui se prêteront plus ou moins,
par suite, à la réforme proposée. Et comment croire
que tout cela réuni ne formera pas effectivement la
majorité?... Au surplus, et sans m'occuper davan-
tage ici de l'exécution, de la réalisation plus ou
moins possible du système en question, j'en reviens
à la simple et pure théorie (1); et je répète que
les secours et subsistance nécessaires aux pauvres
et aux infirmes doivent leur être fournis par l'État
et sur le trésor public (sauf ce qui est dit, au § 1er,
des secours et indemnités que les corps d'arts et
métiers devront donner, quand ils le pourront,

(1) Tout ceci, encore une fois, a été écrit avant la révolution
du 24 février.

à ceux de leurs membres qui en auront besoin).

Ceci posé en principe, voici, à peu près, comment la matière pourrait être organisée ou réglementée :

Tous ceux qui ne pourront vivre de leur fortune propre ou de leur travail, enfants, vieillards, malades et infirmes, seront logés, nourris, vêtus, chauffés et soignés, tant aux frais de l'ordre ou corporation d'ouvriers à laquelle ils appartiendront, et sur les bénéfices de la caisse commune, s'il y en a, charges déduites ou payées (Voyez le § 1er), qu'aux frais de l'État et au moyen de l'impôt général.

Seront à la charge de l'État seul, et non à la charge des corps d'arts ou métiers, les artisans et ouvriers qui, lors de la mise à exécution des présentes, auront déjà cessé, par maladie, infirmités ou vieillesse, de se livrer aux travaux de leur profession, et qui n'ont pas d'ailleurs de quoi vivre.

Le secours ne sera que partiel et proportionné aux besoins de ceux qui le réclameront, s'ils ont déjà quelques biens ou ressources personnelles, mais insuffisantes pour leur procurer le nécessaire.

S'ils ont de quoi vivre, mais non de quoi nour-

rir et élever leurs enfants, incapables eux-mêmes
de gagner leur vie, ceux-ci seront nourris et élevés
aux frais de l'État, jusqu'à ce qu'ils puissent entrer
et travailler dans un des corps d'arts ou métiers
organisés comme il est dit au § 1er.

Il en sera de même des enfants d'ouvriers qui
dépasseraient le nombre que ceux-ci pourront en
nourir et élever avec leur salaire, à moins qu'à raison de ces enfants ou de ce surcroît de famille ils ne
reçoivent un supplément ou secours de la caisse commune de leur corporation, s'il y a de quoi, dettes
et charges payées.

Il en sera de même encore des enfants de bourgeois
ou propriétaires incapables de travailler et dont le
revenu ne suffirait point à l'entretien et à l'éducation
desdits enfants, c'est-à-dire, qu'ils seront également-
ment nourris, entretenus et instruits aux frais de
l'État. Ils pourront ensuite, et devenus hommes,
être employés aux fonctions de commis, receveurs,
payeurs, directeurs, syndics, agents ou préposés des
corps ou sociétés d'arts et métiers, ou aux places et
emplois du gouvernement, tels que ceux de commis, buralistes, receveurs, percepteurs, etc. Ils
pourront aussi, ou une partie d'entre eux, être
élevés et instruits pour être attachés aux sociétés
ou corporations les plus relevées ou les plus hono-

rables par le genre d'industrie, art ou profession qui en fera l'objet ou la spécialité, comme celles des géomètres, des ingénieurs, des mécaniciens, etc. — Ceux enfin qui annonceront le plus d'intelligence et de capacité et les meilleures dispositions recevront une éducation ou instruction plus relevée et plus complète, pour être ensuite nommés aux fonctions publiques, d'administration, de magistrature, de finances, etc., concurremment du moins avec les enfants de familles plus riches, mais toujours sous cette condition fondamentale et sans exception, que lorsqu'on aura à choisir entre les uns et les autres, la préférence sera donnée aux plus capables et aux plus dignes par leurs qualités personnelles, savoir, probité, délicatesse, etc.

Des hospices ou maisons communes seront fondées et entretenues pour les pauvres ;

Des salles d'asile pour les enfants ;

Et tous autres établissements et institutions publiques nécessaires pour la réalisation et la distribution des secours de toute nature nécessaires aux classes pauvres ou aux classes ouvrières.

§ 3.

De l'impôt, de sa répartition et de son emploi.

J'ai dit, en commençant, ce que c'est que la société.

Point de société possible sans une mise de fonds de la part de chaque associé, mise de fonds qui consiste en argent ou en biens ou en travail, le tout, nécessaire ou pour faire l'objet et la matière même de la société, ou pour sa gestion et administration. Dans la grande société qui constitue l'État, la nation, la mise de fonds de chaque associé ou membre de l'État est principalement l'impôt, sa quote-part dans l'impôt. L'impôt est donc de toute justice, car il est de première et absolue nécessité; sans lui en effet point de société possible et durable.

Il lui faut de plus, pour être juste, qu'il soit réparti équitablement, c'est-à-dire, proportionné tout à la fois, pour chacun, à ses facultés et à son intérêt. Chacun, ainsi, doit d'autant plus contribuer à l'impôt qu'il est plus riche et qu'il est plus intéressé au maintien, à la conservation de la société, *et vice versâ.*

L'impôt semble devoir être :

1° Une quotité du revenu annuel que chaque citoyen retire de ses propriétés mobilières et immobilières, comme le centième, le cinquantième, le vingtième, le dixième, le cinquième, plus ou moins, suivant l'importance du revenu, et suivant les besoins du propriétaire, comme suivant ceux de l'État;

2° Une pareille quotité du revenu produit par les places, emplois, fonctions publiques ou privées, traitements, gages, pensions, gains de commerce, de banque et d'industrie de toutes espèces;

3° Une quote-part égale du revenu fictif des biens meubles et immeubles qui par le fait ou par leur mode de jouissance ne produisent pas de revenu réel à leurs propriétaires, tels que maisons d'habitation, châteaux, parcs, jardins et terres non affermés, ameublements, chevaux, chiens, équipages, bijoux, diamants, vaisselle d'or ou d'argent, tableaux, statues et tous autres objets de luxe ou d'agrément; ce revenu fictif pourrait être fixé à une somme à peu près équivalente à l'intérêt ou revenu que produirait, si elle était placée ou prêtée, la valeur estimative des biens dont il s'agit.

La quote-part du revenu réel ou fictif à payer pour l'impôt ne devrait pas être fixée sur une base uniforme, égale pour tous, mais équitablement proportionnée, pour chaque contribuable, à sa fortune et au besoin qu'il peut avoir de son revenu. J'entends parler d'un besoin réel et sérieux, de ce qui est vraiment nécessaire, eu égard à la position, à la famille, aux charges, etc., n'appelant pas *nécessaire* les dépenses de luxe, de table, de représentation, de plaisirs, qui excéderaient une juste et raisonnable mesure, suivant toujours la position, la famille, etc., ou les économies, également excessives, que l'on voudrait faire sur les revenus, pour acquérir de nouvelles propriétés ou de nouvelles rentes ou valeurs. Tout cela, en effet, tout ce superflu, n'est point *nécessaire*; on peut fort bien s'en passer sans souffrir : tandis qu'il est réellement, sérieusement, impérativement NÉCESSAIRE, envers et contre tous, que tout le monde vive. Qu'est-il besoin, dans le fait, qu'un homme ait de quoi se vautrer dans toutes espèces d'orgies et de voluptés, ou de quoi satisfaire mille et un goûts et caprices plus ou moins désordonnés ou futiles, ou qu'il ait à prodiguer des 10, 20, 40, ou 50 mille francs et plus à une actrice ou autre femelle éhontée, etc., pendant que d'honnêtes familles, mille fois plus estimables, mille fois plus dignes de faveur et d'intérêt qu'elle et lui, n'auront pas seulement le strict et vrai *nécessaire*, pain, vêtements, abri, et toutes ces choses enfin dont la privation constitue pour le coup une trop réelle et trop intolérable souffrance, *Queis humana dolet natura negatis!*... (Hor.).

3.

C'est donc d'après toutes ces considérations et calculs de revenus plus ou moins considérables, d'une part, et de l'autre, de besoins ou de nécessités plus ou moins réelles, plus ou moins étendues, que l'impôt devrait être établi, non, je le répète, sur une base uniforme ou égale pour tous, mais dans une équitable proportion avec ces revenus et ces besoins de chaque contribuable.

Ainsi, par exemple, fixée au vingtième du revenu, la quote-part contributive du citoyen qui aurait 2,000 francs de revenu serait de 100 francs, et celle du citoyen qui aurait 200,000 francs de revenu serait de 10,000 francs. Mais il est clair que les 100 francs du premier lui feraient plus faute qu'au second ses 10,000 francs, que celui-ci se passerait bien plus facilement de 10,000 francs, pris sur ses 200,000, que celui-là de 100 francs pris sur ses 2,000, somme déjà insuffisante peut-être pour le faire vivre lui et les siens, qu'il y aurait pour l'un une bien moindre privation ou sacrifice que pour l'autre, sans compter l'intérêt-majeur et bien plus important qu'aurait le plus riche au maintien de l'État et à la conservation de sa fortune que lui assure et protége l'Etat. L'impôt quant à lui et autres comme lui, possesseurs d'une fortune plus ou moins considérable, pourrait donc être,

par exemple, du dixième ou du cinquième du revenu, plus ou moins, et à proportion du chiffre de
la fortune ou du revenu tant réel que fictif, tandis
qu'il serait du vingtième, ou du trentième, ou qua-
rantième, aussi plus ou moins et suivant les mêmes
gradations ou proportions, quant aux possesseurs
d'un revenu de 2,000 francs ou autre plus ou moins
inférieur à celui des premiers....

Telles sont donc les règles ou idées d'après lesquelles l'impôt semble devoir être basé et réparti.

Quant à son emploi, il est naturellement destiné
à subvenir à tous les besoins de la société, à tous les
services, à toutes les dépenses nécessaires pour
l'administrer, la conserver, la faire prospérer, pour
lui faire atteindre, en un mot, son but et son objet,
le plus parfaitement, le plus complétement possible.

Or, la subsistance et les secours à donner aux
pauvres et aux infirmes sont, nous l'avons vu, une
de ces dépenses, une de ces dettes sacrées, au
paiement desquelles la société ou grande famille
ne peut pas plus se refuser, qu'une famille particulière, déjà plus ou moins nombreuse, ne peut se
refuser à nourrir, entretenir et élever les nouveaux
enfants qui naissent dans son sein.

Les services et fonctions publiques doivent être
salariées, et c'est encore un des usages auxquels

l'impôt doit être employé. Mais il faudrait que les salaires ou traitements des fonctionnaires fussent plus justement établis qu'ils ne le sont actuellement, qu'on fît disparaître l'énorme et choquante disproportion qui existe entre les uns et les autres.

Il conviendrait de réduire ou diminuer ce qu'on appelle les *gros* traitements, les traitements vraiment excessifs de certains fonctionnaires ou dignitaires.

Il serait juste et bon, encore, que les fonctionnaires publics députés ne touchassent point leur traitement pendant toute la durée des sessions des chambres : ce serait juste, puisque, ne remplissant point alors leurs fonctions, n'en supportant point les travaux et n'en rendant point les services, le prix ou le salaire ne leur en est dû à aucun titre ; et ce serait bon et utile, par l'économie ou l'épargne d'autant qui s'en suivrait pour le trésor.

Faire au surplus toutes autres réformes et améliorations qui seraient de nature soit à amener une diminution de l'impôt, soit à en procurer ou faciliter un emploi ou usage plus juste et plus vraiment utile, etc., etc.

Tout ce qui vient d'être dit de l'impôt, des pauvres et du travail, constitue de simples idées ou

aperçus généraux, qu'il s'agirait maintenant d'éla-
borer, mûrir et approfondir, pour ensuite, et si on
les reconnaît vraiment utiles et réalisables, les con-
vertir en dispositions plus détaillées et circonstan-
ciées. Je me suis attaché surtout, dans ce mémoire,
à poser la base des quelques réformes ou améliorations qui y sont proposées, à en établir les principes, à en exposer et développer les motifs et
toutes les raisons et considérations qui me semblent
propres à les faire goûter et agréer ; car c'est là
l'essentiel, tellement que je n'ai pas craint d'insister
et même de me répéter ou de paraître me répéter
en revenant plus d'une fois peut-être sur les mêmes
idées ou à peu près les mêmes.

Du reste, si je ne me fais illusion, le système ou
plan que je viens d'esquisser me paraît avoir le
double caractère d'utilité et de possibilité dont je
parlais tout à l'heure ; de possibilité ! il suffit, je
crois, de vouloir, il s'agit d'être sérieusement et
non pas seulement de se dire philantrophes, amis
du peuple, etc. ; d'utilité ! il assurerait aux uns le
nécessaire qui leur manque, et aux autres une paisible et tranquille jouissance de ce qu'ils ont ; il
ferait disparaître la mendicité, la mendicité ! cette
plaie hideuse, aussi déshonorante pour les riches
qui la souffrent que pour les malheureux qui y sont

réduits! La mendicité! cette dégradation de l'homme qui le courbe et l'humilie devant son semblable, comme s'il était vraiment d'une nature inférieure!..

Il aurait encore une utilité morale incontestable; car, et plus que toutes les autres inventions et tentatives auxquelles on recourt pour moraliser le peuple, il amènerait sûrement et promptement ce résultat. D'où viennent en effet et qui fait commettre la plupart des crimes et des délits qui affligent la société et qui la tiennent, pour ainsi dire, en perpétuel échec, si ce n'est la misère, la faim, *male-suada fames* (1)? Or, adoptez le système ou plan que je viens d'indiquer, et aussitôt vous faites disparaître cette ignoble et affreuse source de tant de méfaits !

(1) Voici ce qu'on lit dans le journal *la Presse* du 1er janvier dernier : « GRAVE SUJET DE MÉDITATION. — Un jeune homme de 25 ans, dont la tournure distinguée, les manières de bonne compagnie, et le langage élégant et choisi, révèlent beaucoup d'éducation, était traduit aujourd'hui, 31 décembre, devant la police correctionnelle, pour cause de vol..... Le dossier est rempli de lettres adressées par lui au juge d'instruction, et dans lesquelles, s'attaquant tour à tour aux hommes et à la société, il leur rejette à la face la honte de son action. Au milieu de ces lettres, nous trouvons une pièce de vers remarquable tout à la fois par la pensée et par l'expression, et qu'on ne lira pas sans intérêt :

> J'ai failli ! devant la justice
> Je ne veux pas m'en excuser ;
> Mais le malheur fut mon complice,
> Et c'est lui qu'il faut accuser.

Du travail et du pain étant assurés à tous et à chacun, nul ne se rendra plus coupable de vol, larcin, filouterie, etc., ou du moins le nombre des coupables diminuera considérablement. Il diminuera, d'abord et surtout par l'absence même du besoin, de la nécessité, cause ordinaire de ces sortes de délits; ensuite et encore par voie de conséquence, parce que cette cause ou motif, assez souvent atténuant, n'existant plus, les tribunaux pourront et devront se montrer d'autant plus sévères, la répression deviendra tout à fait sérieuse et exemplaire, et beaucoup de gens plus ou moins mal intentionnés, plus ou moins tentés de se jeter dans la voie du crime, seront retenus par la vue et la crainte d'un châti-

> Lorsque, mauvaise conseillère,
> La faim, fille de la misère,
> Vous fait sentir son aiguillon,
> On sent tourbillonner sa tête,
> Et l'homme qui s'endort honnête
> Souvent se réveille fripon.
> Ah ! pour juges je vous récuse,
> Hommes riches, hommes heureux....
> Vous auxquels le ciel ne refuse
> D'exaucer aucun de vos vœux.
> Comprendriez-vous mon excuse ?
> A vous tous, entourés d'éclat,
> Dont la vie est douce et facile;
> Vous qui possédez, par contrat,
> Maisons de campagne et de ville,

ment formidable. Les crimes contre les personnes deviendront moins fréquents, de même et en même temps que les crimes contre la propriété ou autres causés par la misère, et dont les premiers sont si souvent l'accompagnement et l'auxiliaire, tels que l'assassinat pour vol ou à la suite de vol, les infanticides, les abandons ou expositions d'enfants, etc. D'un autre côté, et avec les jalousies de métiers, disparaîtront toutes ces querelles, injures, diffamations, rixes et violences d'ouvriers à ouvriers, de compagnons à compagnons, etc.

Voilà, certes, un beau et utile résultat, et ce n'est pas un petit service à rendre à la société que de la délivrer tout d'un coup d'une foule de ces crimes et attentats qui jettent dans son sein la perturbation et l'é-

> Solides rentes sur l'État,
> Actions du chemin de Lille,
> Et dont la main sans cesse empile
> De ces chiffons signés Garat,
> La vertu n'est pas difficile !...
> Mais qu'un beau jour la pauvreté,
> S'attaquant à vos destinées,
> Vienne, de ses mains décharnées,
> Troubler votre rêve enchanté,
> Frissonnant des pieds à la tête,
> Et sentant bondir votre cœur,
> Vous verriez pâlir votre honneur,
> Comme au jour l'éclat d'une fête
> De notre pauvre humanité !

pouvante, en même temps qu'on réhabiliterait une grande partie de ses membres en leur assurant, ce qui est dû à tous, vie et travail, et en même temps aussi qu'on assurerait aux autres ce que l'orateur romain trouvait de plus digne d'envie, sécurité et paix, repos et dignité, *otium cum dignitate* (Cicéron).

Aujourd'hui qu'une révolution aussi complète que soudaine vient ouvrir à mon plan ou système d'organisation une chance de succès et de réalisation qu'il n'avait point auparavant, je m'empresse de le publier et de le proposer, fort de l'assentiment qu'y donne déjà et d'avance, en quelque sorte, le nouveau gouvernement, par ce bel arrêté du 25 février :
« Le gouvernement s'engage à garantir l'existence
« de l'ouvrier par le travail. Il s'engage à garantir
« du travail à tous les citoyens. Il reconnaît que les

> Tel est le commun caractère ;
> Trop souvent on l'a constaté :
> Quand nous tient-là laide misère,
> On peut dire : Adieu probité !

Le tribunal, attendu les circonstances atténuantes de la cause, condamne le prévenu à deux mois d'emprisonnement. »

« ouvriers doivent s'associer entre eux pour jouir du
« bénéfice légitime de leur travail. Le gouvernement
« provisoire rend aux ouvriers, auxquels il appar-
« tient, le million qui va échoir de la liste civile. »
Voilà bien effectivement, on doit le reconnaître,
mes vues et mes idées : principe d'association;
travail et secours assurés aux classes ouvrières et
aux pauvres (1).

C'est au pouvoir maintenant à réaliser ces grandes
et solennelles promesses. Et il le fera, en établis-
sant, non cette chimérique et impossible égalité de
fortunes et de conditions, qu'on n'a vue et qu'on ne
verra nulle part et jamais, mais au moins un état
de choses tolérable et juste, où chacun trouve sa
place au soleil, où chaque homme appelé à ce mys-
térieux banquet de la vie y trouve aussi une place,
et ne se voie pas impitoyablement repoussé par un

(1) Et en ce qui touche l'impôt, mon système n'est-il pas aussi plus
ou moins approuvé d'avance par cette déclaration du 29 février :
« Le gouvernement provisoire déclare que tout système nouveau de
« politique doit se résumer dans un *nouveau système* de crédit et
« *d'impôt*; que le système de la taxe de la république française
« doit avoir pour objet une *répartition plus équitable des contri-*
« *butions publiques*; que cette *justice* aura naturellement pour
« résultat d'améliorer la condition du peuple, et de diminuer les
« charges qui pèsent sur le travail. Le gouvernement provisoire
« est résolu à proposer sincèrement à l'Assemblée nationale un
« budget sur les principes qui précèdent. »

autre prétendant y en occuper plusieurs à lui tout seul (1).

Et nous tous, tant que nous sommes, bons citoyens, amis réels et sincères du peuple et de la patrie, venons en aide au gouvernement dans cette tâche laborieuse, mais sublime, qu'il s'est imposée. Écoutons cet appel de tous les journaux, qui est bien pour le coup la voix du peuple et la voix de Dieu (2) : « En présence des circonstances graves et solennelles où les événements qui viennent de s'accomplir ont placé le pays, il ne doit y avoir dans tous les esprits qu'un sentiment, l'intérêt de la patrie ; dans tous les cœurs qu'un besoin, l'union de tous les citoyens ; et dans toutes les bouches qu'un cri, l'ordre public. Un gouvernement nouveau est constitué. Ce gouvernement est chargé d'une immense tâche ; sur lui repose aujourd'hui la responsabilité des plus grands, des plus chers intérêts du pays. Chacun de nous lui doit son concours, et le concours le plus sincère. Il n'y a plus qu'une grande question, celle de l'ordre ; qu'un grand parti, celui du

______

(1) *Millia*, pourrait dire l'un à l'autre,

Millia frumenti tua triverit area centùm,

Non tuus hoc capiet venter plus quàm meus (Hor. sat. 1).

(2) *Vox populi, vox Dei.*

salut commun. L'ancienne société avait pour fondement *l'ordre matériel* assuré par la *répression*. La nouvelle société doit avoir pour fondement *l'ordre moral* assuré par la *prévoyance*. Personne aujourd'hui n'a plus le droit de rester indifférent à la chose publique. Que tous les Français qui ont de l'intelligence, du savoir et du cœur, mettent ce cœur, ce savoir, cette intelligence en commun ; que tous rivalisent de zèle. » J'ajoute : Et que tous deviennent conservateurs ; conservateurs, non plus, comme jadis, des priviléges de caste ou de position, mais conservateurs de l'ordre et de la propriété, des lois et de la justice, de la société en un mot, car on ne peut plus se le dissimuler, c'est d'elle-même, oui c'est de la société qu'il s'agit directement, essentiellement, c'est sa question de vie ou de mort qui est posée en ce moment. « Ou la République française, dit *la* « *Presse* du 1er mars, sera le pillage et le massacre de « tous ceux qui possèdent au profit de ceux qui veu— « lent acquérir sans se donner la peine de travail— « ler, ou bien la République française sera la solu— « tion pacifique de toutes les questions attardées ; « loin de détruire l'ordre, elle l'affermira. »

Or, le système ou plan d'organisation que je propose me paraissant propre à conjurer l'orage et à calmer les esprits, en donnant satisfaction et faisant

justice à tous, envers et contre tous, il ne reste plus
qu'à le soumettre au pouvoir constituant (l'Assemblée nationale) lorsqu'il sera lui-même constitué. Et
c'est ce que je ferai sans retard. Déjà même et
d'avance je l'ai adressé au gouvernement provisoire.
Que tous les bons citoyens, maintenant, et pour lui
donner plus de poids et d'autorité, pour l'ériger à
la hauteur d'un vœu national, veuillent bien m'a-
dresser leurs adhésions et leurs observations, pour
être le tout, mémoire et adhésions, adressé à l'autorité suprême qui sera chargée d'examiner et de
prononcer (1). Moi-même, de mon côté, je m'empres-
serai d'accueillir et d'appuyer tout autre système ou
projet d'organisation qui, différent du mien, se pro-
poserait néanmoins le même but, et serait jugé devoir atteindre ce but aussi bien ou mieux que le
mien.

Après cela, et mon devoir de citoyen ainsi rempli,
ma dette payée, je rentrerai dans mes habitudes et
ma vie de cabinet, constamment étrangères, jusqu'ici, aux agitations et aux luttes de la politique;
je me renfermerai de nouveau dans cette solitude
studieuse dont nos grands magistrats d'autrefois
nous ont laissé le précepte et l'exemple : *Nihil hoc*

(1) Affranchir les lettres et paquets.

ad edictum prætaris, disaient-ils en parlant de la politique ; et cette maxime a été si noblement traduite, si magnifiquement développée par un célèbre avocat de nos jours, que je ne puis résister au plaisir de relire et de citer ses propres paroles, les voici : «... Ceci met en relief de plus en plus le danger qu'il y a pour la magistrature à quitter la sphère de glorieuse immobilité où la nature de ses fonctions augustes semblait, pour son honneur et pour notre bonheur, devoir la condamner, pour se jeter dans le tourbillon de la politique active.... Que les magistrats se retirent dans le sanctuaire de la justice, où toute passion expire ; qu'ils préfèrent les douceurs d'un glorieux repos à une agitation périlleuse ; qu'ils fuient avec soin le tumulte des luttes politiques ; qu'ils se réfugient au sein d'une solitude studieuse, pour y contempler l'ineffable beauté de l'éternelle justice, de l'immuable vérité. » (M. Michel de Bourges, plaidoyer pour le *Journal du Cher*, du 9 oct. 1847.)